Nase vorn !

Vom Wort zum Satz

Klasse 1

Name

Cornelsen

Vom Wort zum Satz

von Martina Schramm

Redaktion: Dr. Maike Bachmann-van Helt
Illustration: Thomas Wellendorf, Hamburg; Josephine Wolff, Berlin (Erdmännchen)
Umschlagillustration (Nilpferd): Sarah Humeniuk, Berlin
Umschlaggestaltung: Corinna Babylon, Berlin
Layoutkonzept: Heike Börner, Berlin
Technische Umsetzung: Corngreen GmbH, Leipzig

www.cornelsen.de

1. Auflage, 4. Druck 2022

© 2017 Cornelsen Verlag GmbH, Berlin

Druck: AZ Druck und Datentechnik GmbH, Kempten

ISBN 978-3-06-084136-3

PEFC zertifiziert
Dieses Produkt stammt aus nachhaltig
bewirtschafteten Wäldern und kontrollierten
Quellen.
www.pefc.de
PEFC/04-31-2260

Das bedeuten die Zeichen:

 schreiben, zeichnen

 verbinden

 ankreuzen

 einkreisen

  farbig markieren

☺ 😐 ☹ Selbstkontrolle

der	die	das	
●	●	●	Einzahl
○	○	○	Mehrzahl

1 Lies und kreuze an.

Was ist alles in der **Schule**?

 ⊗ die **Tafel**

○ die **Wolke**

○ der **Lehrer**

○ der **Esel**

○ der **Tisch**

○ der **Elefant**

○ der **Computer**

○ die **Turnhalle**

○ die **Lampe**

○ der **Stuhl**

○ die **Klasse**

○ das **Kamel**

○ der **Zirkus**

2 Schreibe die Wörter mit │ el │ am Ende ab.

der _____ , die _____ , das

☺ 😐 ☹ 1

1 In jedem Wort ist eine Silbe zu viel.

 Kreise sie ein.

• Schütüler

• Relagal

• Farbkakasten

• Talafel

• Turnhalfale

• Füllumler

• Lehrererin

• Schultaschete

• Schreibseiheft

2 Schreibe die Wörter mit er am Ende richtig auf.

der _____ , der

2 ☺ 😐 ☹

1 Lies, ergänze und verbinde.

● Tafel   ● Schere   ● Pinsel   ● ~~Buch~~   ● Computer

ein spannendes   Buch

ein weicher

eine scharfe

eine grüne

ein schneller

☺ ☺ ☹ 3

1 Lies und verbinde passend.

Der Buchstabe am Anfang ist groß. Am Ende ist ein .

Das ist ein Satz.

Hier ist	eine Baustelle.
Alle Männer tragen	einen Bagger.
Ein Mann fährt	eine Kiste.
Im Sand steht	einen Helm.

2 Male den großen Buchstaben am Satzanfang farbig an.

4 ☺ 😐 ☹

1 Lies und setze die Wörter ein.

| rennen | ~~spielen~~ | basteln | malen |

Die Kinder **spielen** auf dem Schulhof.

Sie _____ um den Baum.

Danach _____ alle eine Karte.

Lena und Luis wollen noch ein Bild _____.

2 Male den großen Buchstaben am Satzanfang farbig an.

☺ 😐 ☹ 5

1 Lies genau und kreuze an.

○ Die Kinder lesen tolle (Blitze).

⊗ Die Kinder lesen tolle Witze.

○ Die (Rinder) lesen tolle Witze.

○ Alle holen ihren Bleistift heraus.

○ Alle rollen ihren Bleistift heraus.

○ Alle holen ihren Bleifisch heraus.

2 Kreise die falschen Wörter ein.

6 ☺ ☺ ☹

1 In jedem Satz ist ein Wort zu viel.

 Kreise es ein.

Pedro schreibt einen (Affen) Brief.

Ella packt sieht ihre Brotdose aus.

Lena streitet man mit einer Freundin.

Murat sucht im sein blaues Heft.

Sina geht zum Hausmeister Zoo.

2 Schreibe mit den eingekreisten Wörtern einen Satz.

 Affen

☺ 😐 ☹ 7

1 Würfle und lies lustige Sätze.

⚀ Murat malt gerne …   ⚀ … die Hausaufgaben.

⚁ Die Lehrerin stolpert über …   ⚁ … einen wilden Löwen.

⚂ Lisa isst gerne …   ⚂ … eine freche Fliege.

⚃ Tim fängt im Traum …   ⚃ … ein Stück Sahnetorte.

⚄ Ella vergisst oft …   ⚄ … viele bunte Monster.

⚅ Pedros Oma jagt …   ⚅ … eine Mappe.

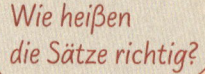

Wie heißen die Sätze richtig?

8

1 Lies und kreuze an.

 Was kann alles **zu Hause** sein?

○ die **Tante**

○ die **Ampel**

○ die **Treppe**

○ die **Küche**

○ das **Sofa**

○ der **Wal**

○ der **Sessel**

○ der **Schrank**

○ der **Tisch**

○ die **Insel**

○ der **Bruder**

○ das **Schiff**

○ der **Teppich**

2 Schreibe die Wörter mit |Sch| am Anfang ab.

 der _____ , das

☺ 😐 ☹ 9

1 In jedem Wort ist eine Silbe zu viel.

 Kreise sie ein.

- Sestelsel

- Badezimzammer

- Fernseherser

- Sofifa

- Külüche

- Schreibtotisch

- Lampampe

- Telolefon

- Treppese

2 Schreibe die Wörter mit e am Ende richtig auf.

die _____ , die _____ , die _____

1 Lies, ergänze und verbinde.

• Auto   • Sofa   • Treppe   • Schrank   • Lampe

eine helle

ein weiches

ein schnelles

eine steile

ein brauner

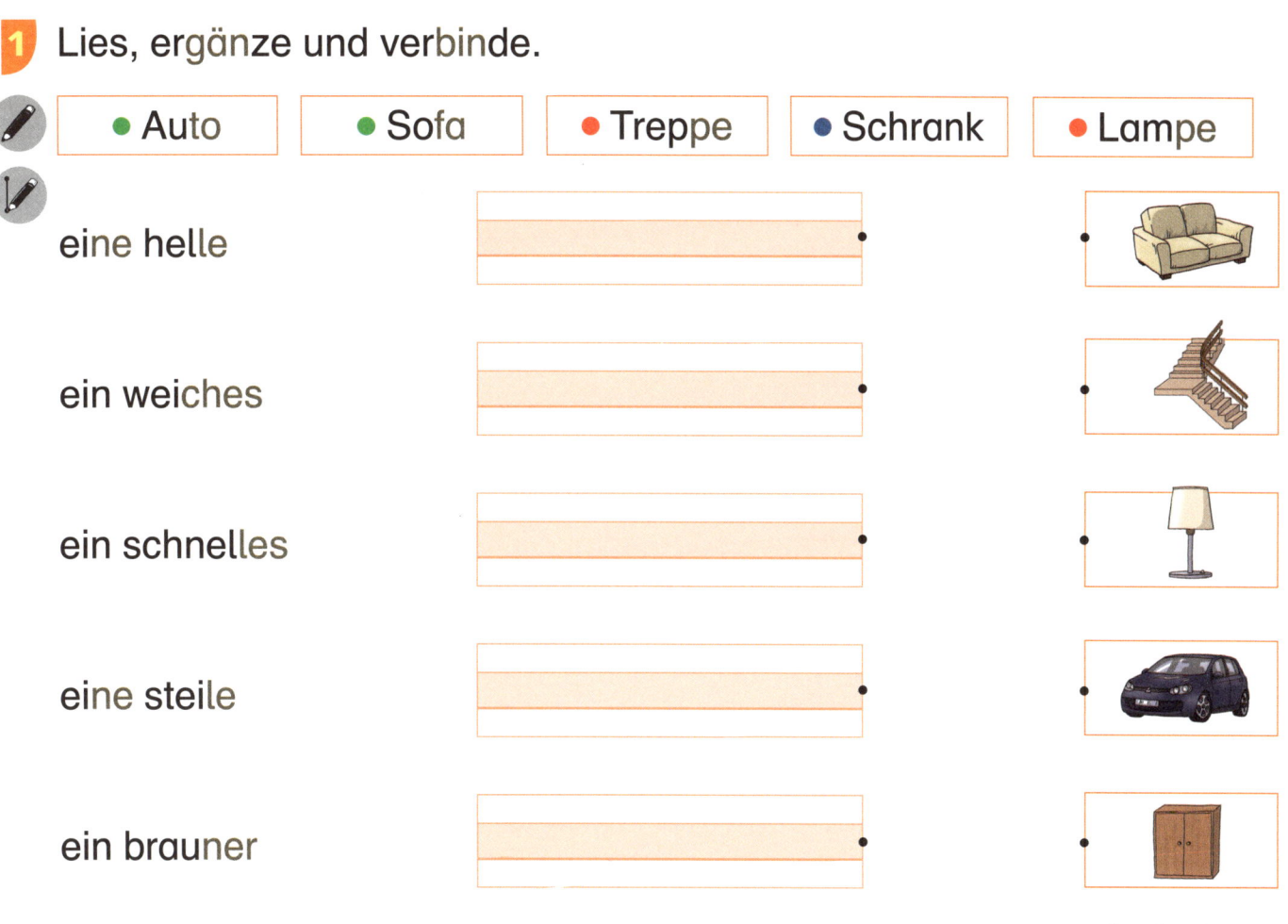

☺ ☺ ☹ 11

1 Lies und verbinde passend.

Zwei Kinder spielen •	• ein Butterbrot.
Murat isst •	• ihre Haare.
Lena wäscht •	• Fußball auf der Wiese.
Pedro putzt •	• im Bett.
Sina träumt •	• seine Zähne.

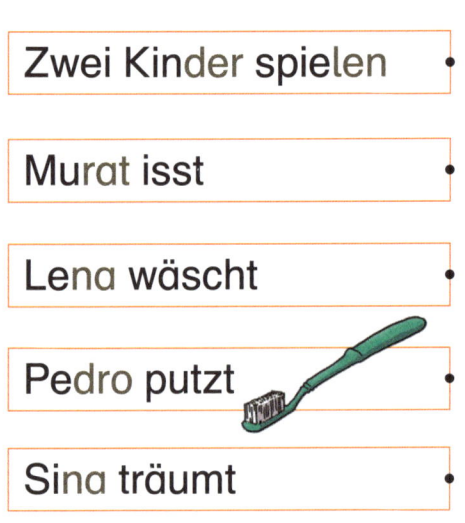

2 Was macht Pedro? Schreibe den Satz auf.

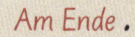
Am Ende.

Pedro

1 Lies genau und kreuze an.

○ Im Kühlschrank steht eine Tasche.

○ Im Fühlschrank steht eine Flasche.

○ Im Kühlschrank steht eine Flasche.

○ Papa wäscht Rosen in der Waschmaschine.

○ Papa wäscht Hasen in der Waschmaschine.

○ Papa wäscht Hosen in der Waschmaschine.

2 Kreise die falschen Wörter ein.

☺ ☺ ☹ 13

1 In jedem Satz ist ein Wort zu viel.

 Kreise es ein.

Opa sitzt auf dem Pizza Sofa und telefoniert.

Ella und Papa essen fahren zum Supermarkt.

Tim und seine Freunde viele spielen Fußball.

Ein Postbote Kinder bringt ein Paket.

Lisa fährt gern mit dem Bus zur Schule gern.

Ich auch!

2 Schreibe mit den eingekreisten Wörtern einen Satz.

 Pizza

1 Löse die Bilderrätsel.

L [Esel] | [Ampel] L̸

L ☐ ☐ ☐ ☐ ☐ ☐ ☐ ☐ ☐ ☐ L̸

[Haus] | AUF | [Gabel] L̸

☐ ☐ ☐ ☐ A U F ☐ ☐ ☐ ☐ L̸

[Sonne] | [Schwein] W̸

☐ ☐ ☐ ☐ N ☐ ☐ ☐ W̸ ☐ ☐ ☐

15

1 Lies und kreuze alle **Tiere** an.

Ich bin auch dabei!

○ das Krokodil   ○ die Gitarre

○ die Autobahn   ○ der Roboter

○ der Papagei   ○ die Ameise

○ der Löwe   ○ das Erdmännchen   ○ der Elefant

○ der Igel   ○ das Eichhörnchen   ○ der Affe

2 Schreibe ein Wort mit en am Ende ab.

das

16 ☺ ☺ ☹

1

Lies und kreuze an.

Was ist alles in der **Schule**?

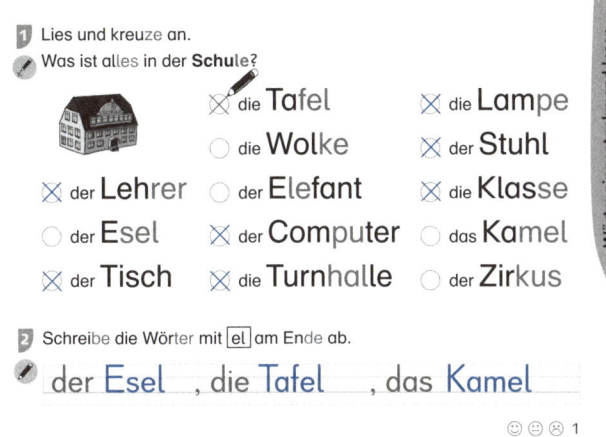

☒ die Tafel   ☒ die Lampe
◯ die Wolke   ☒ der Stuhl
☒ der Lehrer   ◯ der Elefant   ☒ die Klasse
◯ der Esel   ☒ der Computer   ◯ das Kamel
☒ der Tisch   ☒ die Turnhalle   ◯ der Zirkus

Wörter sinnentnehmend lesen

2

Schreibe die Wörter mit | el | am Ende ab.

der Esel , die Tafel , das Kamel

☺ ☺ ☹ 1

1

In jedem Wort ist eine Silbe zu viel.

Kreise sie ein.

• Regagal
• Turnhalfale
• Schultaschete
• Talafel
• Lehrererin
• Schütüler
• Farbkakasten
• Füllumler
• Schreibseiheft

Stolpersilben finden

2

Schreibe die Wörter mit | er | am Ende richtig auf.

der Schüler , der Füller

2 ☺ ☺ ☹

1

Lies, ergänze und verbinde.

• Tafel • Schere • Pinsel • Buch • Computer

ein spannendes   Buch
ein weicher   Pinsel
eine scharfe   Schere
eine grüne   Tafel
ein schneller   Computer

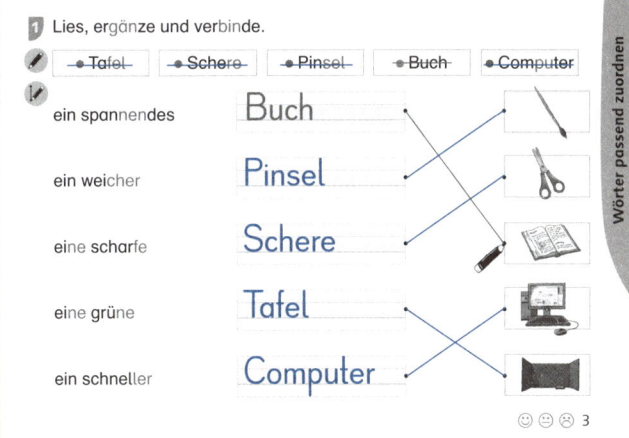

Wörter passend zuordnen

☺ ☺ ☹ 3

1

Lies und verbinde passend.

Der Buchstabe am Anfang ist groß. Am Ende ist ein .

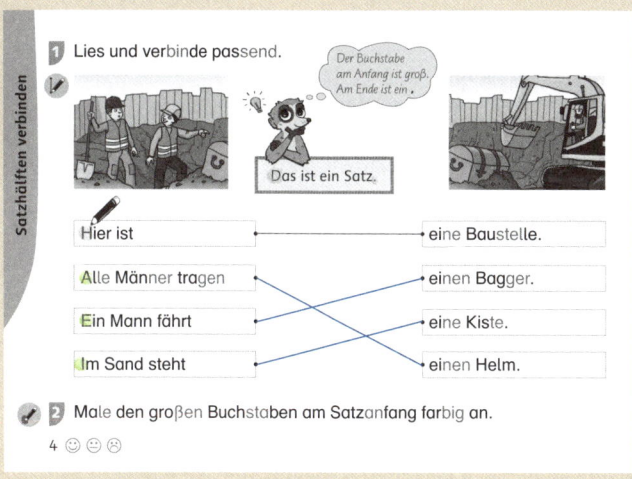

Das ist ein Satz.

Hier ist — eine Baustelle.
Alle Männer tragen — einen Bagger.
Ein Mann fährt — eine Kiste.
Im Sand steht — einen Helm.

Satzhälften verbinden

2

Male den großen Buchstaben am Satzanfang farbig an.

4 ☺ ☺ ☹

1 Lies und setze die Wörter ein.

~~rennen~~ ~~spielen~~ ~~basteln~~ ~~malen~~

Die Kinder **spielen** auf dem Schulhof.

Sie **rennen** um den Baum.

Danach **basteln** alle eine Karte.

Lena und Luis wollen noch ein Bild **malen** .

2 Male den großen Buchstaben am Satzanfang farbig an.

☺ ☺ ☹ 5

1 Lies genau und kreuze an.

○ Die Kinder lesen tolle (Blitze.)

☒ Die Kinder lesen tolle Witze.

○ Die (Rinder) lesen tolle Witze.

☒ Alle holen ihren Bleistift heraus.

○ Alle (rollen) ihren Bleistift heraus.

○ Alle holen ihren (Bleifisch) heraus.

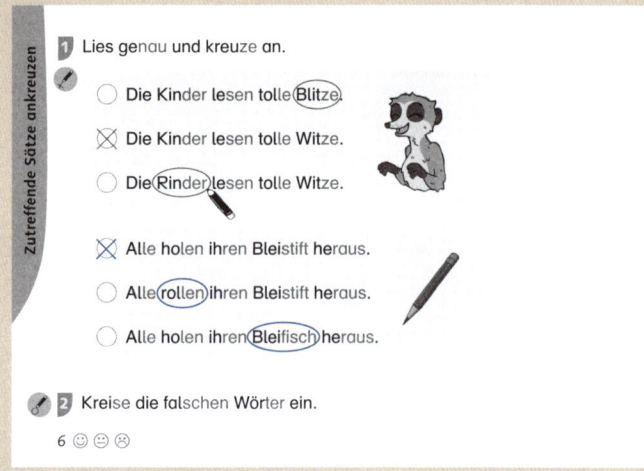

2 Kreise die falschen Wörter ein.

6 ☺ ☺ ☹

1 In jedem Satz ist ein Wort zu viel.
Kreise es ein.

Pedro schreibt einen (Affen) Brief.

Ella packt (sieht) ihre Brotdose aus.

Lena streitet (man) mit einer Freundin.

Murat sucht (im) sein blaues Heft.

Sina geht zum Hausmeister (Zoo.)

2 Schreibe mit den eingekreisten Wörtern einen Satz.

Affen sieht man im Zoo.

☺ ☺ ☹ 7

Viel Spaß!

1 Würfle und lies lustige Sätze.

⚀ Murat malt gerne …

⚁ Die Lehrerin stolpert über …

⚂ Lisa isst gerne …

⚃ Tim fängt im Traum …

⚄ Ella vergisst oft …

⚅ Pedros Oma jagt …

⚀ … die Hausaufgaben.

⚁ … einen wilden Löwen.

⚂ … eine freche Fliege.

⚃ … ein Stück Sahnetorte.

⚄ … viele bunte Monster.

⚅ … eine Mappe.

Wie heißen die Sätze richtig?

8

18

1 Lies und kreuze an.

Was kann alles **zu Hause** sein?

☒ die Küche ☒ der Tisch
☒ das Sofa ◯ die Insel
☒ die Tante ◯ der Wal ☒ der Bruder
◯ die Ampel ☒ der Sessel ◯ das Schiff
☒ die Treppe ☒ der Schrank ☒ der Teppich

2 Schreibe die Wörter mit ⬚Sch⬚ am Anfang ab.

der Schrank , das Schiff

☺ ☺ ☹ 9

1 In jedem Wort ist eine Silbe zu viel.

Kreise sie ein.

• Se**sel**sel • Badezim**zam**mer
• Fernseh**er**ser • So**fi**fa
• Kü**lü**che • Schreib**to**tisch
• Lam**pam**pe
• Te**lo**lefon • Treppe**se**

2 Schreibe die Wörter mit ⬚e⬚ am Ende richtig auf.

die Küche , die Lampe , die Treppe

10 ☺ ☺ ☹

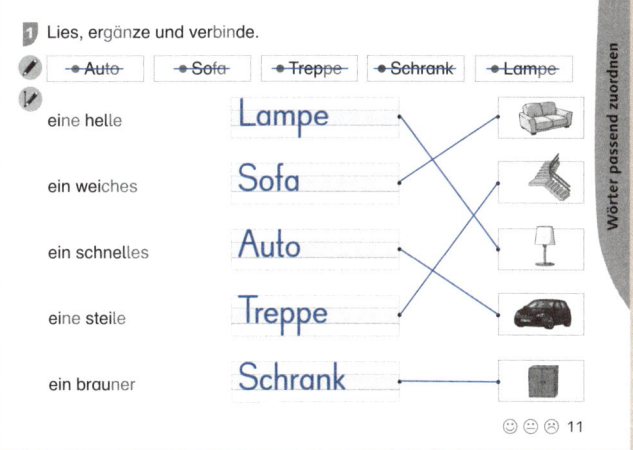

1 Lies, ergänze und verbinde.

• ~~Auto~~ • ~~Sofa~~ • Treppe • ~~Schrank~~ • ~~Lampe~~

eine helle **Lampe**

ein weiches **Sofa**

ein schnelles **Auto**

eine steile **Treppe**

ein brauner **Schrank**

☺ ☺ ☹ 11

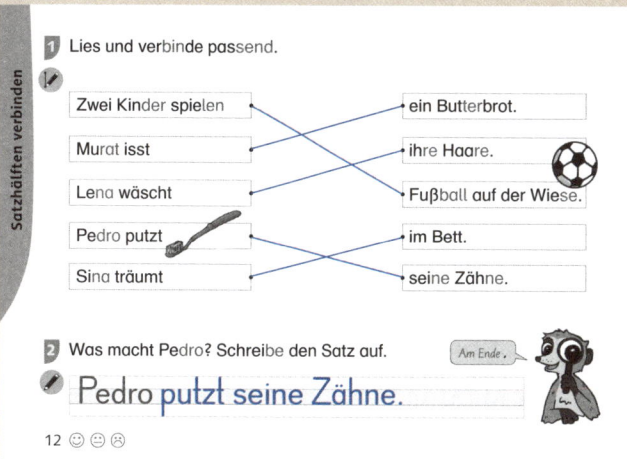

1 Lies und verbinde passend.

Zwei Kinder spielen | ein Butterbrot.
Murat isst | ihre Haare.
Lena wäscht | Fußball auf der Wiese.
Pedro putzt | im Bett.
Sina träumt | seine Zähne.

2 Was macht Pedro? Schreibe den Satz auf.

Am Ende.

Pedro putzt seine Zähne.

12 ☺ ☺ ☹

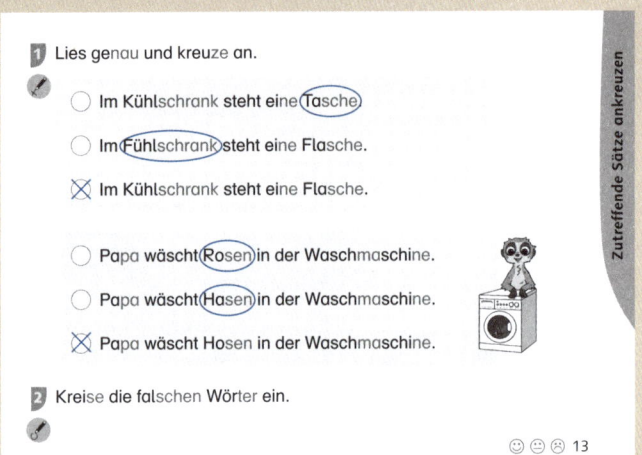

1 Lies genau und kreuze an.

- ○ Im Kühlschrank steht eine (Tasche)
- ○ Im (Fühlschrank) steht eine Flasche.
- ⊠ Im Kühlschrank steht eine Flasche.

- ○ Papa wäscht (Rosen) in der Waschmaschine.
- ○ Papa wäscht (Hasen) in der Waschmaschine.
- ⊠ Papa wäscht Hosen in der Waschmaschine.

2 Kreise die falschen Wörter ein.

☺ ☹ ☹ 13

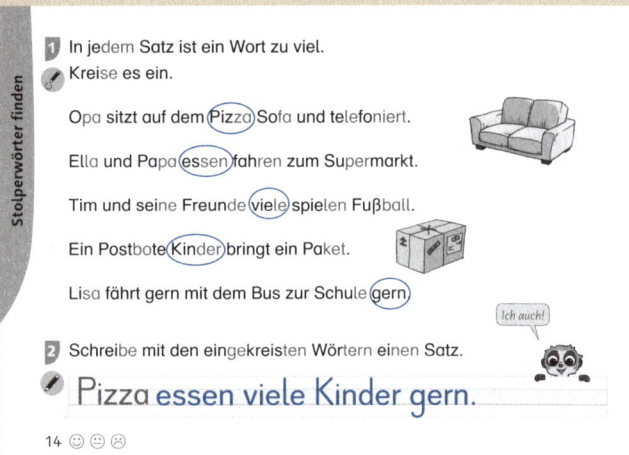

1 In jedem Satz ist ein Wort zu viel.
Kreise es ein.

Opa sitzt auf dem (Pizza) Sofa und telefoniert.

Ella und Papa (essen) fahren zum Supermarkt.

Tim und seine Freunde (viele) spielen Fußball.

Ein Postbote (Kinder) bringt ein Paket.

Lisa fährt gern mit dem Bus zur Schule (gern)

2 Schreibe mit den eingekreisten Wörtern einen Satz.

Pizza essen viele Kinder gern.

Ich auch!

14 ☺ ☹ ☹

Viel Spaß!

1 Löse die Bilderrätsel.

L [🫏] [🚦] ⊥

L E S E L A M P E ⊥

[🏠] AUF [🖌] ⊥

H A U S A U F G A B E ⊥

[☀] [🐷] W

S O N N E N S C H W E I N

15

1 Lies und kreuze alle **Tiere** an.

Ich bin auch dabei!

- ⊠ das **Krokodil**
- ○ die **Gitarre**
- ○ die **Autobahn**
- ○ der **Roboter**
- ⊠ der **Papagei**
- ⊠ die **Ameise**
- ⊠ der **Löwe**
- ⊠ das **Erdmännchen**
- ⊠ der **Elefant**
- ⊠ der **Igel**
- ⊠ das **Eichhörnchen**
- ⊠ der **Affe**

2 Schreibe ein Wort mit [en] am Ende ab.

das **Erdmännchen/Eichhörnchen**

16 ☺ ☹ ☹

20

Panel 1 (page 25)

1 In jedem Wort ist eine Silbe zu viel.
Kreise sie ein.

• I(l)egel

• A(dei)meise

• Gi(fi)raffe

• Del(döl)fin

• Ele(fe)fant

• Esel(pel)

• Papagei(dei)

• Lä(tö)we

• Ti(ro)ger

Am Anfang großschreiben!

2 Welches Tier hat Streifen? Schreibe einen Satz.

Der Tiger hat Streifen.

☺ ☺ ☹ 25

Panel 2 (page 26)

1 Lies, ergänze und verbinde.

• Elefant   • Schaf   • Hund   • Fisch   • Hase

ein braver — Hund

ein wolliges — Schaf

ein grauer — Elefant

ein ängstlicher — Hase

ein goldener — Fisch

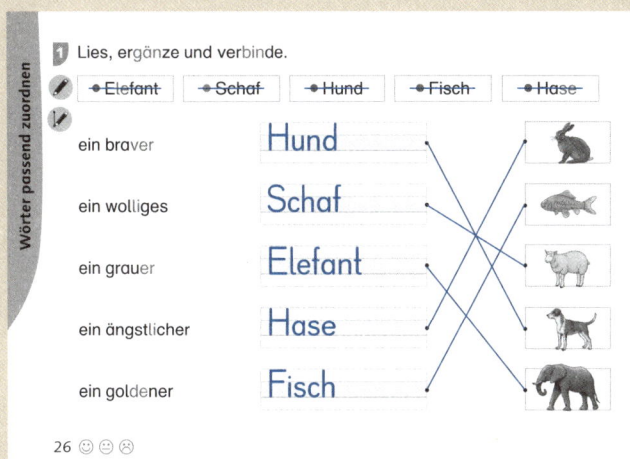

26 ☺ ☺ ☹

Panel 3 (page 27)

1 Lies und setze die Wörter ein.

schwimmt   frisst   brüllt   klettert   hoppelt

Das wollige Schaf **frisst** Gras.

Der Hase **hoppelt** über die Wiese.

Der Affe **klettert** schnell auf Bäume.

Der goldene Fisch **schwimmt** im Teich.

Der Löwe **brüllt** laut im Zoo.

☺ ☺ ☹ 27

Panel 4 (page 28)

1 Lies genau und kreuze an.

○ Die (Giriffe) lebt in Afrika.

○ Die Giraffe (klebt) in Afrika.

✗ Die Giraffe lebt in Afrika.

Ich lebe auch in Afrika.

○ Alle Igel haben viele spitze (Stiefel).

✗ Alle Igel haben viele spitze Stacheln.

○ Alle (Iglus) haben viele spitze Stacheln.

2 Kreise die falschen Wörter ein.

28 ☺ ☺ ☹

21

1 In jedem Satz ist ein Wort zu viel.

Kreise es ein.

Zwei alte Esel (Ein) stehen im Stall.

Auf dem Waldboden krabbeln viele Ameisen (Papagei.)

Tim hat viele Fische in seinem (kann) Aquarium.

Fremde Hunde sollte man nicht (sprechen) streicheln.

Elefanten bekommen (lernen) im Zoo oft altes Brot.

2 Schreibe mit den eingekreisten Wörtern einen Satz.

Ein Papagei kann sprechen lernen.

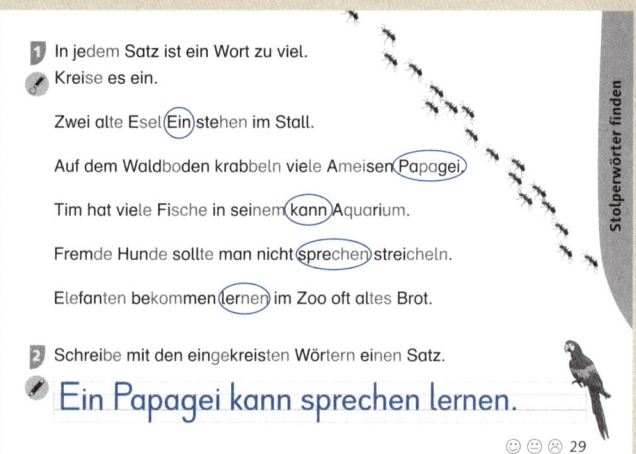

Stolperwörter finden

☺ ☺ ☹ 29

Viel Spaß!

Sie ist klein, grau und ängstlich. Sie frisst gerne Käse.

1 Lies und rate, wer es ist.

Zeichne die Tiere.

Er ist groß und grau. Er hat einen langen Rüssel.

Er ist klein und stachelig. Bei Gefahr rollt er sich ein.

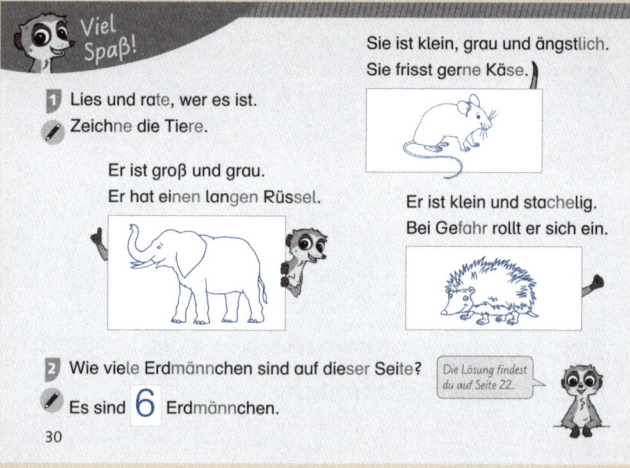

2 Wie viele Erdmännchen sind auf dieser Seite?

Die Lösung findest du auf Seite 22.

Es sind **6** Erdmännchen.

30

---

1 Lies und kreuze an.

Was kann alles auf dem **Schulweg** sein?

☒ die Gehwege ○   ☒ die Straßen ○

○ die Computer ○   ☒ die Häuser ○

☒ die Fahrräder ○   ☒ die Autos ○

☒ die Bäume ○   ○ die Monster ○   ☒ die Ampeln ○

○ die Dinos ○   ☒ die Geschäfte ○   ○ die Ufos ○

Wörter sinnentnehmend lesen

Achte auf den Begleiter!

Einzahl		Mehrzahl
das Haus ●	– die Häuser ○	
🌳 der Baum ●	– die Bäume ○ 🌳🌳	

☺ ☺ ☹ 31

---

1 In jedem Wort ist eine Silbe zu viel.

Kreise sie ein.

Stra(sa)ßen

Au(to)to   Mau(sa)uer

Himmel(pel)

Son(ton)ne

Blu(su)men

Bäu(hä)ume   Wolk(ok)en

Ampeln(pam)

Stolpersilben finden

2 Was scheint im Sommer? Schreibe einen Satz.

Im Sommer scheint die Sonne.

32 ☺ ☺ ☹

22

Panel 1 (top left)

1 Lies und verbinde passend.

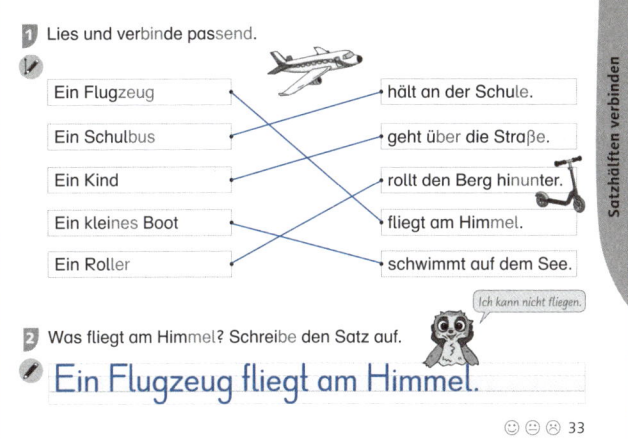

Ein Flugzeug	hält an der Schule.
Ein Schulbus	geht über die Straße.
Ein Kind	rollt den Berg hinunter.
Ein kleines Boot	fliegt am Himmel.
Ein Roller	schwimmt auf dem See.

Ich kann nicht fliegen.

2 Was fliegt am Himmel? Schreibe den Satz auf.

Ein Flugzeug fliegt am Himmel.

Satzhälften verbinden

☺ ☹ ☺ 33

Panel 2 (top right)

1 Lies genau und kreuze an.

○ Die Jungen und Mädchen laufen zum Schalbus.

○ Die Jungen und Rädchen laufen zum Schulbus.

☒ Die Jungen und Mädchen laufen zum Schulbus.

○ Autos und Lastwagen fahren auf der Autowahn.

☒ Autos und Lastwagen fahren auf der Autobahn.

○ Autos und Lastwiegen fahren auf dem Autozahn.

Autozahn, wie lustig!

2 Kreise die falschen Wörter ein.

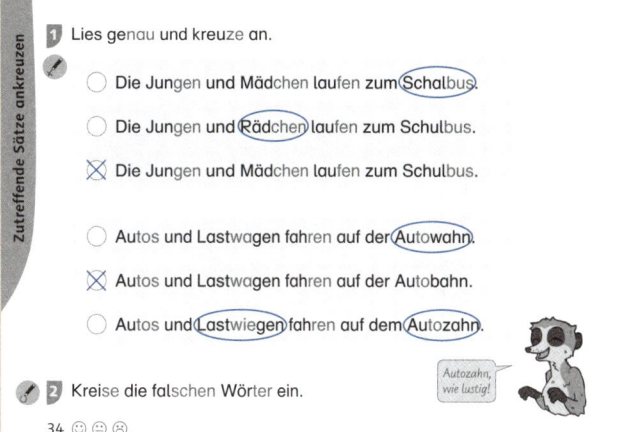

Zutreffende Sätze ankreuzen

34 ☺ ☹ ☺

Panel 3 (bottom left)

1 In jedem Satz ist ein Wort zu viel.
Kreise es ein.

Kurze Wege kann man mit dem Radfahren Rad fahren.

Viele Kinder fahren brauchen morgens mit dem Bus.

Manche Kinder können zu immer Fuß zur Schule gehen.

Die Lehrerin kommt oft mit dem Auto einen.

Sie parkt es vor dem Eingang Helm der Schule.

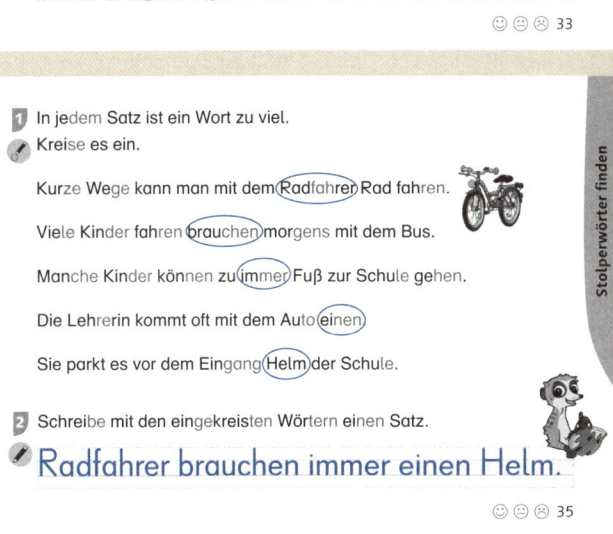

2 Schreibe mit den eingekreisten Wörtern einen Satz.

Radfahrer brauchen immer einen Helm.

Stolperwörter finden

☺ ☹ ☺ 35

Panel 4 (bottom right)

1 Kreuze an, was es gibt.

Mich gibt es!

☒ die Kinder   ☒ die Bücher   ☒ die Schule
○ die Pinder   ☒ die Bilder   ○ der Lüter
☒ die Stifte   ○ die Piros   ☒ der Computer
☒ der Igel   ☒ das Pferd   ☒ die Treppe
☒ der Sessel   ☒ das Schiff   ☒ das Erdmännchen

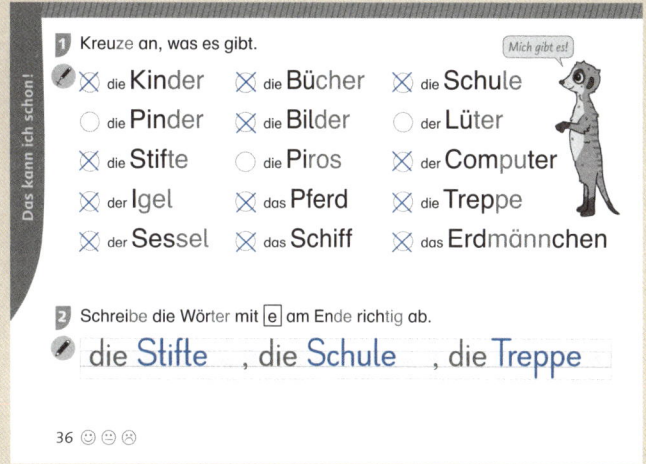

2 Schreibe die Wörter mit e am Ende richtig ab.

die Stifte , die Schule , die Treppe

Das kann ich schon!

36 ☺ ☹ ☺

23

1 Lies und setze die Wörter ein.

~~fährt~~ ~~macht~~ ~~liest~~ ~~sitzt~~ ~~warten~~

Sina **liest** ein spannendes Buch.

Pedro **sitzt** nachmittags am Schreibtisch.

Ein Schulbus **fährt** am Haus vorbei.

Ein Flugzeug am Himmel **macht** viel Krach.

Zwei Kinder **warten** an der Ampel.

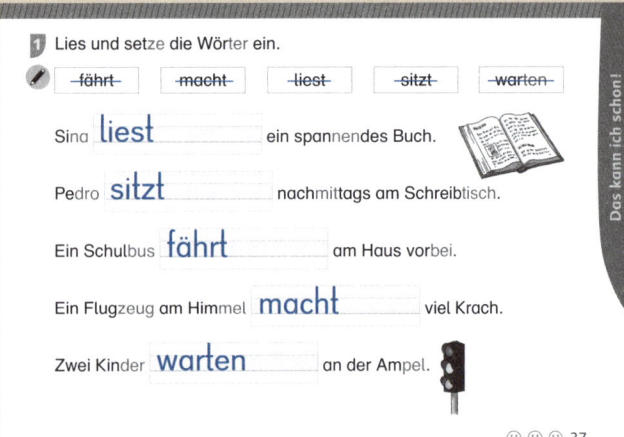

☺ ☺ ☹ 37

---

1 Lies genau und kreuze an.

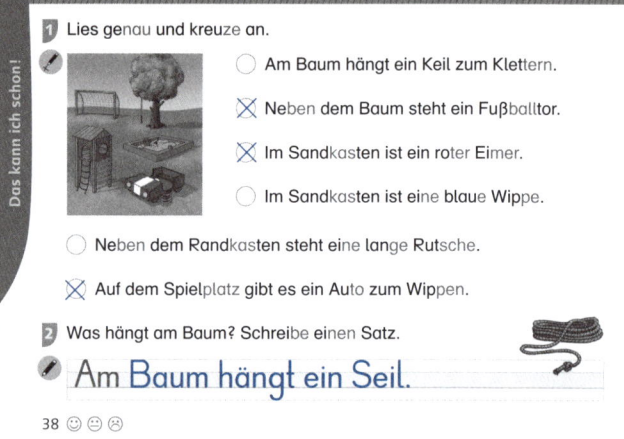

○ Am Baum hängt ein Keil zum Klettern.

✗ Neben dem Baum steht ein Fußballtor.

✗ Im Sandkasten ist ein roter Eimer.

○ Im Sandkasten ist eine blaue Wippe.

○ Neben dem Randkasten steht eine lange Rutsche.

✗ Auf dem Spielplatz gibt es ein Auto zum Wippen.

2 Was hängt am Baum? Schreibe einen Satz.

Am Baum hängt ein Seil.

38 ☺ ☺ ☹

---

1 In jedem Satz ist ein Wort zu viel.

Kreise es ein.

Du (Das) warst schon ganz fleißig.

Du hast fast das ganze Heft bearbeitet (hast).

Nur eine Seite ist noch (du) übrig.

Lobe (super) dich einmal selbst.

Klopfe dir ruhig auf die Schulter (gemacht).

2 Schreibe mit den eingekreisten Wörtern einen Satz.

Das hast du super gemacht.

☺ ☺ ☹ 39

Viel Spaß!

Du kannst es auch erst auf einem Blatt versuchen.

1 Spure das Boot in einem Schwung nach.

Zeichne es dann selbst mit nur einer Linie.

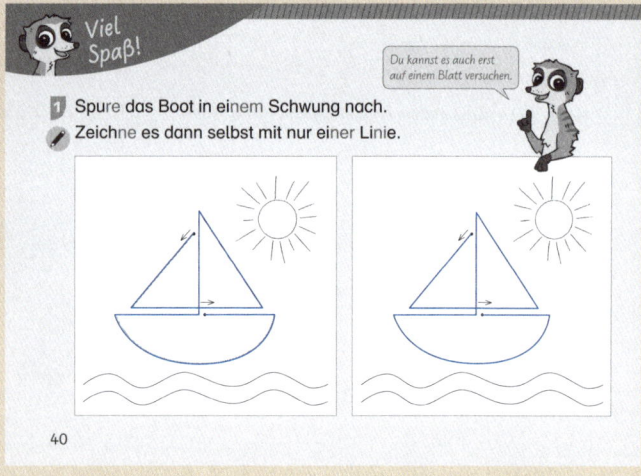

40

24

1 In jedem Wort ist eine Silbe zu viel.
Kreise sie ein.

● Ilegel

● Adeimeise

● Gifiraffe

● Deldölfin

● Elefefant

● Papageidei

● Eselpel

● Lötöwe

● Titoger

Am Anfang großschreiben!

2 Welches Tier hat Streifen? Schreibe einen Satz.

1 Lies, ergänze und verbinde.

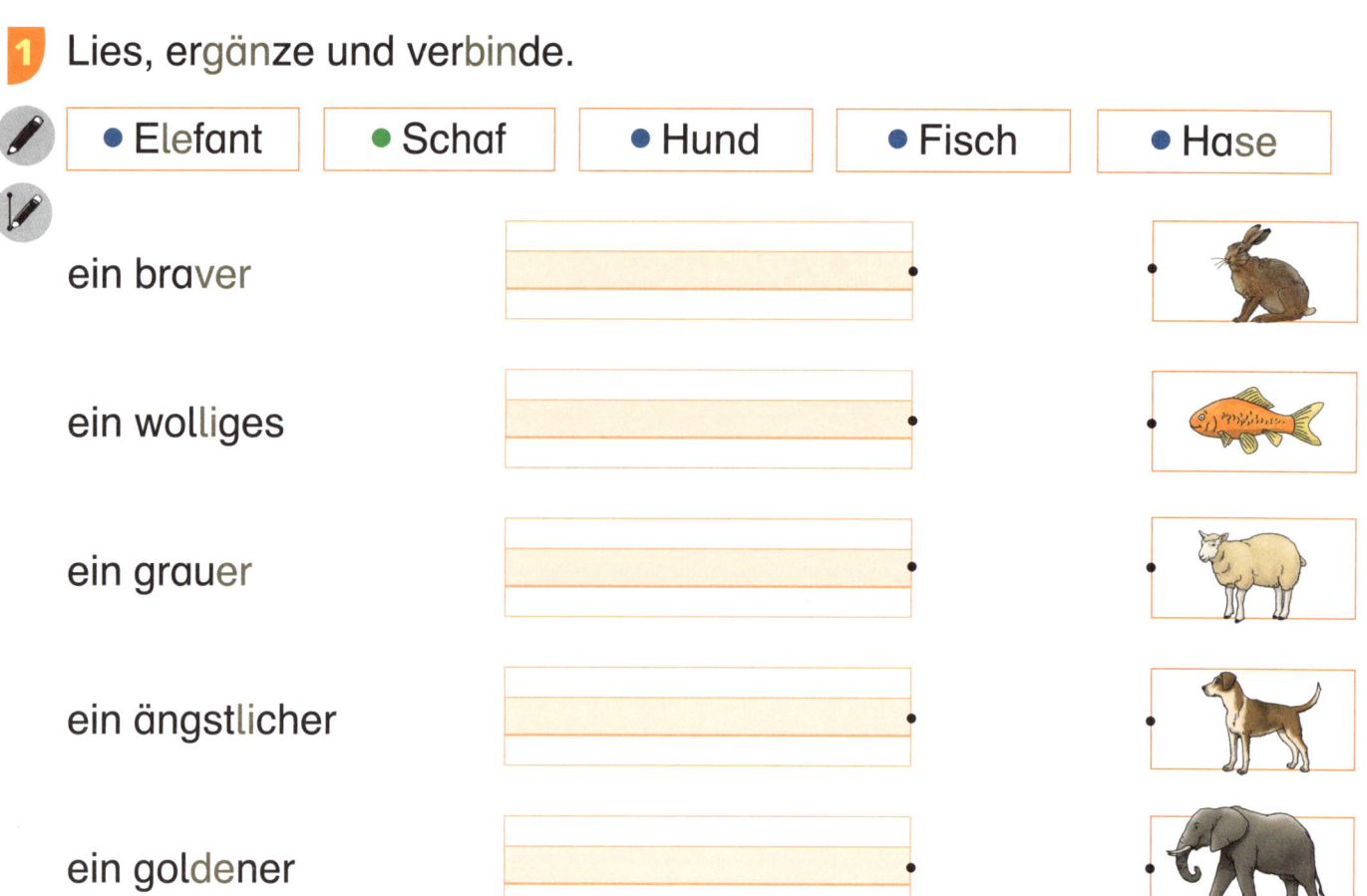

● Elefant ● Schaf ● Hund ● Fisch ● Hase

ein braver

ein wolliges

ein grauer

ein ängstlicher

ein goldener

1 Lies und setze die Wörter ein.

| schwimmt | frisst | brüllt | klettert | hoppelt |

Das wollige Schaf _____ Gras.

Der Hase _____ über die Wiese.

Der Affe _____ schnell auf Bäume.

Der goldene Fisch _____ im Teich.

Der Löwe _____ laut im Zoo.

1 Lies genau und kreuze an.

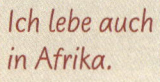
Ich lebe auch in Afrika.

○ Die Giriffe lebt in Afrika.

○ Die Giraffe klebt in Afrika.

○ Die Giraffe lebt in Afrika.

○ Alle Igel haben viele spitze Stiefel.

○ Alle Igel haben viele spitze Stacheln.

○ Alle Iglus haben viele spitze Stacheln.

2 Kreise die falschen Wörter ein.

28

1 In jedem Satz ist ein Wort zu viel.

 Kreise es ein.

Zwei alte Esel Ein stehen im Stall.

Auf dem Waldboden krabbeln viele Ameisen Papagei.

Tim hat viele Fische in seinem kann Aquarium.

Fremde Hunde sollte man nicht sprechen streicheln.

Elefanten bekommen lernen im Zoo oft altes Brot.

2 Schreibe mit den eingekreisten Wörtern einen Satz.

☺ ☺ ☹ 29

1 Lies und rate, wer es ist.

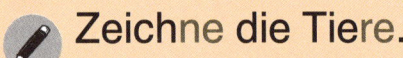 Zeichne die Tiere.

Er ist groß und grau.
Er hat einen langen Rüssel.

Sie ist klein, grau und ängstlich.
Sie frisst gerne Käse.

Er ist klein und stachelig.
Bei Gefahr rollt er sich ein.

2 Wie viele Erdmännchen sind auf dieser Seite?

 Es sind ☐ Erdmännchen.

Die Lösung findest du auf Seite 22.

1 Lies und kreuze an.

Was kann alles auf dem **Schul**weg sein?

○ die Gehwege ∘   ○ die Straßen ∘

○ die Computer ∘   ○ die Häuser ∘

○ die Fahrräder ∘   ○ die Autos ∘

○ die Bäume ∘   ○ die Monster ∘   ○ die Ampeln ∘

○ die Dinos ∘   ○ die Geschäfte ∘   ○ die Ufos ∘

Einzahl   **Mehrzahl**

das Haus ● – die Häuser ○

der Baum ● – die Bäume ○

Achte auf den Begleiter!

☺ 😐 ☹ 31

1 In jedem Wort ist eine Silbe zu viel.

Kreise sie ein.

○ Strasaßen

● Autato

• Mausauer

● Himmelpel

● Sontonne

○ Blusumen

○ Bäuhäume

○ Wolkoken

○ Ampelnpam

2 Was scheint im Sommer? Schreibe einen Satz.

1 Lies und verbinde passend.

Ein Flugzeug	•	• hält an der Schule.
Ein Schulbus	•	• geht über die Straße.
Ein Kind	•	• rollt den Berg hinunter.
Ein kleines Boot	•	• fliegt am Himmel.
Ein Roller	•	• schwimmt auf dem See.

Ich kann nicht fliegen.

2 Was fliegt am Himmel? Schreibe den Satz auf.

1 Lies genau und kreuze an.

○ Die Jungen und Mädchen laufen zum Schalbus.

○ Die Jungen und Rädchen laufen zum Schulbus.

○ Die Jungen und Mädchen laufen zum Schulbus.

○ Autos und Lastwagen fahren auf der Autowahn.

○ Autos und Lastwagen fahren auf der Autobahn.

○ Autos und Lastwiegen fahren auf dem Autozahn.

Autozahn, wie lustig!

2 Kreise die falschen Wörter ein.

1 In jedem Satz ist ein Wort zu viel.

 Kreise es ein.

Kurze Wege kann man mit dem Radfahrer Rad fahren.

Viele Kinder fahren brauchen morgens mit dem Bus.

Manche Kinder können zu immer Fuß zur Schule gehen.

Die Lehrerin kommt oft mit dem Auto einen.

Sie parkt es vor dem Eingang Helm der Schule.

2 Schreibe mit den eingekreisten Wörtern einen Satz.

 😊 😐 ☹ 35

1 Kreuze an, was es gibt.

Mich gibt es!

○ die **Kinder**   ○ die **Bücher**   ○ die **Schule**

○ die **Pinder**   ○ die **Bilder**   ○ der **Lüter**

○ die **Stifte**   ○ die **Piros**   ○ der **Computer**

○ der **Igel**   ○ das **Pferd**   ○ die **Treppe**

○ der **Sessel**   ○ das **Schiff**   ○ das **Erdmännchen**

2 Schreibe die Wörter mit `e` am Ende richtig ab.

die _____ , die _____ , die _____

1 Lies und setze die Wörter ein.

| fährt | macht | liest | sitzt | warten |

Sina _____ ein spannendes Buch.

Pedro _____ nachmittags am Schreibtisch.

Ein Schulbus _____ am Haus vorbei.

Ein Flugzeug am Himmel _____ viel Krach.

Zwei Kinder _____ an der Ampel.

☺ ☺ ☹ 37

1 Lies genau und kreuze an.

○ Am Baum hängt ein Keil zum Klettern.

○ Neben dem Baum steht ein Fußballtor.

○ Im Sandkasten ist ein roter Eimer.

○ Im Sandkasten ist eine blaue Wippe.

○ Neben dem Randkasten steht eine lange Rutsche.

○ Auf dem Spielplatz gibt es ein Auto zum Wippen.

2 Was hängt am Baum? Schreibe einen Satz.

Am

1 In jedem Satz ist ein Wort zu viel.

 Kreise es ein.

Du Das warst schon ganz fleißig.

Du hast fast das ganze Heft bearbeitet hast.

Nur eine Seite ist noch du übrig.

Lobe super dich einmal selbst.

Klopfe dir ruhig auf die Schulter gemacht.

2 Schreibe mit den eingekreisten Wörtern einen Satz.

Du kannst es auch erst auf einem Blatt versuchen.

1 Spure das Boot in einem Schwung nach.

 Zeichne es dann selbst mit nur einer Linie.